AF609928

RÉPUBLIQUE FRANÇAISE

MINISTÈRE DE L'INTÉRIEUR ET DES CULTES

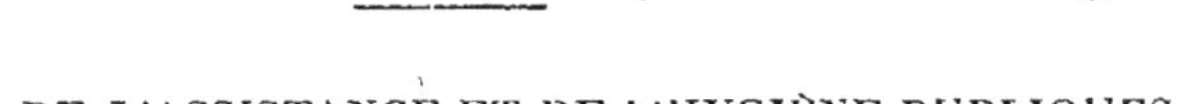

DIRECTION DE L'ASSISTANCE ET DE L'HYGIÈNE PUBLIQUES

BUREAU DE L'HYGIÈNE PUBLIQUE

POLICE SANITAIRE MARITIME

DÉCRETS ET CIRCULAIRES

5e fascicule.

1901

DOCUMENTS EXTRAITS du Recueil des travaux du Comité consultatif d'hygiène publique de France et des Actes officiels de l'administration sanitaire (tome XXXI).

MELUN

IMPRIMERIE ADMINISTRATIVE

M D CCCC III

SOMMAIRE

PROPHYLAXIE GÉNÉRALE ; RÔLE DES MÉDECINS SANITAIRES A BORD DES NAVIRES

I. — CIRCULAIRE du président du Conseil, ministre de l'intérieur et des cultes, du 15 octobre 1901, à MM. les directeurs des compagnies de navigation maritime.

Monsieur le directeur, cinq navires infectés de peste se sont présentés au Frioul en l'espace de quelques semaines. Pour chacun de ces navires on peut considérer comme certain que la contamination a été opérée par la présence à bord de rats malades ; le danger est évident, et le moyen d'y faire face tout indiqué. La destruction des rongeurs s'impose : elle doit être poursuivie sans interruption, au départ, en cours de traversée, à l'arrivée, conformément aux instructions ministérielles des 17 juillet 1899 (1), 1er octobre 1900 (2) et 26 septembre 1901 (3). Ce n'est pas seulement l'intérêt sanitaire qui est engagé, mais bien un véritable intérêt commercial : on ne peut se dissimuler que la peste s'étend progressivement à toutes les parties du monde et constituera pour longtemps sinon un état endémique, du moins une menace permanente. Le maintien, dans ces conditions, de mesures prophylactiques trop restrictives apporterait à la navigation des charges et des entraves qu'on peut et qu'on doit lui éviter. Le seul moyen d'obtenir ce résultat consiste dans le concours même des intéressés ; les garanties que demande la santé sont aujourd'hui rationnellement et scientifiquement établies : rien n'est plus aisé, pratiquement, que d'en assurer la mise en œuvre.

Les germes pathogènes peuvent être transportés par les individus, les objets ou les marchandises souillés, les rats ou les souris : à ces risques, on oppose la visite médicale, la mise en observation ou l'isolement des malades, la désinfection, la recherche et la destruction des rongeurs.

Il faut y joindre la rigoureuse propreté du bord, la surveillance

(1) Tome XXIX p. 363.
(2) Tome XXX p. 595.
(3) Ci-après p. 15.

constante des locaux affectés aux équipages et spécialement aux chauffeurs, la désinfection périodique et fréquente de ces locaux, la séparation immédiate du linge sale, l'emploi de cales spéciales et étanches permettant de mettre à part les marchandises de provenances suspectes, de telle sorte que la désinfection et la sulfuration ne soient applicables qu'à cette partie de la cargaison et non à l'ensemble, la production de certificats d'origine dûment établis, l'approvisionnement de sérums (particulièrement antipesteux), en un mot toutes les mesures de préservation que comportent des relations suivies entre pays contaminés et pays sains.

Tout cela se trouve inscrit dans les règlements et dans les instructions qui les complètent et les commentent; tout cela est susceptible d'être effectué au départ et en cours de route par les compagnies et sous la responsabilité de leurs médecins.

Quels que soient la compétence, le zèle, et l'activité des autorités sanitaires des ports d'arrivée, quel que soit l'outillage mis à leur disposition, ce n'est pas en quelques heures, qui paraissent toujours trop longues, que la visite médicale, l'inspection du bord et les désinfections nécessaires peuvent être pratiquées de manière à assurer la rigoureuse exécution des prescriptions sanitaires.

L'intervention du service sanitaire ne devrait être en réalité, dans la presque généralité des cas, qu'un contrôle et un complément de garantie : c'est à cela que doivent tendre tous les efforts combinés des administrations sanitaires et des services maritimes. Plus la part faite au médecin du bord sera effective, plus le concours du commandement aura été largement et intelligemment compris, et plus les facilités données à l'arrivée seront grandes. Inversement, plus les conditions d'hygiène et de prophylaxie auront été négligées à bord, plus les autorités sanitaires auront le devoir d'être sévères et d'exagérer les précautions. Aucune concession ne devra être faite parce qu'aucune excuse ne serait désormais valable; l'accord doit être complet de part et d'autre et la rigueur même des prescriptions administratives ne pourrait que servir les intérêts du commerce en le forçant à rompre avec des pratiques dont il aurait à supporter toutes les conséquences. Il importe, en tout cas, que les passagers et les importateurs sachent bien que la responsabilité des retards et des dommages causés incomberait non aux autorités sanitaires qui font leur devoir en appliquant les règlements, mais aux capitaines qui, par parti-pris ou négligence, rendent nécessaires des mesures normalement évitables.

J'appelle donc toute votre attention, Monsieur le directeur, sur ces considérations. Je n'ignore pas que des progrès sérieux ont déjà été réalisés dans la voie indiquée, mais il reste encore beaucoup à faire. C'est à vous qu'il appartient de donner aux commandants des navires des instructions très précises, de constituer un personnel médical, d'assurer à ce dernier la part d'influence et d'autorité qu'il doit avoir auprès du commandement, de régler, d'une façon très nette, les attributions respectives des uns et des autres.

Je suis résolu, de mon côté, à exiger de tout le personnel sanitaire relevant de mon administration la stricte exécution des règles qui viennent d'être rappelées et qui me paraissent les plus propres à sauvegarder, en les conciliant, les divers et graves intérêts en cause.

Recevez, Monsieur le directeur, l'assurance de ma considération distinguée.

Pour le président du Conseil,
ministre de l'intérieur et des cultes :

Le conseiller d'État, secrétaire général,

E. DEMAGNY.

II. — CIRCULAIRE du président du Conseil, ministre de l'intérieur et des cultes, du 20 octobre 1901, aux directeurs des circonscriptions sanitaires maritimes.

Je vous adresse, ci-joint, un certain nombre d'exemplaires d'une circulaire ayant pour objet de rappeler aux compagnies de navigation les obligations qui, au point de vue sanitaire, leur incombent, et l'intérêt même qu'elles ont à s'y conformer.

Je ne puis que vous recommander de vous inspirer, dans vos rapports avec les représentants des services maritimes, des considérations et des règles ainsi exposées ; le jour où les armateurs et les commandants de navires auront compris que les intérêts commerciaux et sanitaires sont solidaires, que l'application rationnelle et constante des mesures de prophylaxie relativement faciles est la meilleure assurance contre des retards et des mesures onéreuses à l'arrivée, il est bien évident qu'un grand progrès aura été réalisé, profitable à tous. Je ne doute pas que vous ne mettiez tous vos efforts à avancer ce moment, et je constaterai avec satisfaction les résultats obtenus.

Votre auxiliaire le plus efficace doit être, à cet égard, le médecin du bord. L'institution des médecins sanitaires maritimes remonte à près de cinq ans ; on peut considérer leur recrutement comme assuré : il importe maintenant que leur mission se dégage des difficultés premières et devienne effective. Les devoirs et les obligations du médecin sanitaire maritime sont définis par le règlement du 4 janvier 1896. Il suffit de rappeler qu'ils consistent notamment à visiter les navires au départ, à s'assurer que la pharmacie du bord possède les approvisionnements de sérum nécessaires, à poursuivre, pendant tout le cours de la traversée, le nettoyage prophylactique des locaux occupés par les équipages et les chauffeurs, la destruction des rats, la séparation des linges sales, la désinfection de tous les objets susceptibles de contenir des germes ou de nuire à la salubrité du bord, sans parler des mesures exceptionnelles qui seraient motivées par des cas de maladies contagieuses.

Si toutes ces précautions ont été bien prises, si le commandant a prêté son concours au médecin, si les déclarations de celui-ci méritent une confiance justifiée par ses services et ses antécédents, si enfin, l'examen du bord permet d'en contrôler l'exactitude, les prescriptions sanitaires que le navire pourrait être astreint à subir seront réduites au minimum.

Si, au contraire, les conditions sanitaires du bâtiment n'offrent aucune garantie, si le médecin n'a rien fait ou si son action a été entravée par le commandement, les mesures prophylactiques devront être rigoureusement appliquées à l'arrivée, exagérées même, sans préjudice des dispositions disciplinaires dont serait passible le médecin.

Les médecins sanitaires se sont plaints parfois que leur intervention n'avait pas de sanction : cette sanction appartient aux autorités sanitaires des ports d'arrivée ; il importe qu'elle soit désormais effective, pour le capitaine du navire, comme pour le médecin lui-même.

Si l'on ne peut donner au médecin du bord une autorité susceptible de faire échec, le cas échéant, au commandement, il n'en est pas moins indispensable qu'une part nettement déterminée soit faite à ses conseils et à son action. Cette part d'autorité puisera d'ailleurs sa plus grande force dans l'influence morale et personnelle du médecin. Il importe que celui-ci se pénètre plus de ses devoirs que de ses droits : les seconds découleront naturellement de l'application des premiers. Il faut enfin que le médecin trouve dans les autorités sanitaires des ports le soutien, et, comme il a été dit plus haut, la sanction de ses actes.

Je vous prie, Monsieur le directeur, d'insister dans ce sens, toutes les fois que l'occasion se présentera, auprès des médecins sanitaires, surtout avant leur embarquement. Vous ne manquerez pas, en outre, de me signaler ceux de ces médecins qui ne se conformeraient pas aux prescriptions qu'ils ont à remplir, comme aussi ceux qui accompliraient leur mission avec intelligence et dévouement.

Je vous serai obligé de m'accuser réception de la présente circulaire.

Pour le ministre :

Le conseiller d'État, directeur,

Henri MONOD.

PERSONNEL. — MODE DE DÉSIGNATION DES FONCTIONNAIRES DOCTEURS EN MÉDECINE. — INSTITUTION D'UN JURY SPÉCIAL.

I. — Rapport au Président de la République.

Monsieur le Président,

La police sanitaire maritime, régie par la loi du 3 mars 1822 et le décret du 4 janvier 1896, a pour objet de mettre le littoral français à l'abri de l'importation des maladies pestilentielles exotiques telles que le choléra, la fièvre jaune et la peste.

Depuis les découvertes de la science pastorienne, les mesures de prophylaxie applicables ont pris un caractère de précision et d'efficacité qu'elles ne pouvaient atteindre auparavant. La recherche des germes par les procédés de la bactériologie, la connaissance des conditions particulières dans lesquelles ils se transportent, se conservent ou se développent, la possibilité de les détruire par la désinfection, constituent aujourd'hui les éléments essentiels de la défense sanitaire. Ces éléments nouveaux ont apporté au fonctionnement du service des modifications plus ou moins profondes : ils exigent notamment de la part des agents auxquels incombe la responsabilité des mesures une vigilance et une compétence technique capables de donner à la santé publique comme aux intérêts commerciaux toutes les garanties qu'ils comportent. Il n'est pas nécessaire d'insister sur l'importance que peuvent prendre à ce double point de vue leurs décisions lorsqu'elles s'appliquent à des relations commerciales de plus en plus rapides ou fréquentes avec des pays contaminés, comme aussi de plus en plus influencées par la concurrence.

Pour obtenir ces garanties il est indispensable d'assurer au recrutement du personnel technique chargé de diriger et d'administrer le service sanitaire des règles l'obligeant à justifier de connaissances et d'expérience antérieurement acquises. Ces connaissances et cette expérience doivent porter sur l'épidémiologie, la bactériologie, la pratique médicale et technique des services sanitaires en France ou aux colonies, l'aptitude administrative à assurer le fonctionnement des dits services.

Le littoral de la France est réparti en sept circonscriptions ayant chacune à sa tête un directeur, docteur en médecine, nommé par le ministre. Le siège de ces circonscriptions se trouve naturellement placé dans les ports les plus importants. Sous la dépendance des chefs de circonscription existent, dans les autres ports, des agents dont quelques-uns sont également docteurs en médecine. Dans les ports principaux enfin, les directeurs de la Santé sont eux-mêmes secondés par un ou plusieurs médecins attachés au service et nommés dans les mêmes conditions.

Ces trois catégories de médecins (directeurs, agents principaux et médecins de la Santé) ont pour attributions de reconnaître les navires à leur arrivée, de les inspecter, de leur appliquer dans chaque cas les mesures prescrites par le règlement, d'opérer, s'il y a lieu, la visite médicale des passagers et équipages, d'ordonner et de surveiller la désinfection, de prescrire et de diriger dans les circonstances exceptionnelles le débarquement et l'internement aux lazarets.

Le projet de décret que j'ai l'honneur de soumettre, Monsieur le Président, à votre haute sanction, détermine des dispositions d'après lesquelles il devra être pourvu à l'avenir à la désignation des fonctionnaires précités, dont le nombre s'élève actuellement à 22. Un jury spécial est institué pour examiner les titres des candidats tant sous le rapport technique que sous le rapport administratif: les membres qui le composent répondent aux diverses compétences ainsi envisagées; ils sont choisis soit parmi les membres du Comité consultatif d'hygiène publique de France, soit parmi les inspecteurs généraux des services administratifs relevant les uns et les autres de mon Département.

Si vous voulez bien, Monsieur le Président, adopter ces propositions, je vous serai reconnaissant de revêtir de votre signature le siprojet de décret ci-annexé.

Le président du Conseil,
ministre de l'intérieur et des cultes,

WALDECK-ROUSSEAU.

II. — Décret du 9 novembre 1901 (1).

Le Président de la République française,

Sur le rapport du président du Conseil, ministre de l'intérieur et des cultes ;

Vu la loi du 3 mars 1822 sur la police sanitaire (2);

Vu le décret du 4 janvier 1896 portant règlement de police sanitaire maritime (3),

Décrète :

Article premier. — Les directeurs de la Santé, les médecins de la Santé ou de lazarets et les agents principaux ou ordinaires docteurs en médecine, sont nommés en France par le ministre de l'intérieur, sur l'avis d'un jury spécial institué conformément à l'article 3 ci-dessous et qui a pour mission d'apprécier les titres des candidats.

Art. 2. — Lorsqu'il y a lieu de pourvoir à l'une des fonctions ci-dessus énumérées, cette vacance est portée à la connaissance des intéressés par un avis publié au *Journal officiel* et affiché dans les principaux ports. Les candidats sont invités à produire dans le délai de quinze jours leur demande accompagnée de l'exposé de leurs titres et de toutes les justifications utiles.

Les candidats doivent faire valoir notamment leurs connaissances spéciales touchant : l'épidémiologie des maladies exotiques ; la bactériologie ; la pratique des services sanitaires qu'ils auraient acquise en France, aux colonies, dans la marine ou dans l'armée, particulièrement en ce qui concerne la désinfection, l'application des règlements en vigueur et l'aptitude administrative que comporte la direction de ces services.

Art. 3. — Le jury chargé d'apprécier les titres des candidats est composé de sept membres ainsi désignés :

Le président ou, à son défaut, le vice-président du Comité con-

---

(1) Décret publié, ainsi que le rapport qui précède, au *Journal officiel* du 28 novembre 1901 et inséré au *Bulletin des lois* XIIe S. B. 2310, n° 40803.
(2) Tome XIV p. 651.
(3) Tome XXV p. 627.

sultatif d'hygiène publique de France, qui remplit les fonctions de *président du jury*;

Le directeur de l'assistance et de l'hygiène publiques au ministère de l'intérieur ou, à son défaut, le chef du bureau de l'hygiène publique;

L'inspecteur général ou, à son défaut, l'inspecteur général adjoint des services sanitaires;

Deux membres du Comité consultatif d'hygiène publique désignés par le ministre;

Deux inspecteurs généraux des services administratifs désignés par le ministre.

Le chef du bureau de l'hygiène ou, à son défaut, le sous-chef de bureau assiste aux séances avec voix consultative.

L'inspecteur des services de la Santé dans les ports remplit les fonctions de *secrétaire*.

ART. 4. — Le jury se réunit sur la convocation du ministre.

L'inspecteur général des services sanitaires ou, à son défaut, l'inspecteur général adjoint est chargé de présenter un rapport sur les diverses candidatures.

Le jury est appelé à donner son avis au double point de vue de l'aptitude technique et administrative sur chacun des candidats ainsi que sur les titres et garanties spéciales qu'il peut présenter à l'obtention des fonctions sollicitées.

ART. 5. — Le jury peut être appelé à donner son avis sur les fautes professionnelles commises par les médecins en fonctions, sur leur mise en disponibilité ou leur remplacement.

ART. 6. — Le ministre de l'intérieur et des cultes est chargé de l'exécution du présent décret, qui sera publié au *Journal officiel de la République française* et inséré au *Bulletin des lois*.

Fait à Paris, le 9 novembre 1901.

ÉMILE LOUBET.

Par le Président de la République :

Le président du Conseil,
ministre de l'intérieur et des cultes,

WALDECK-ROUSSEAU.

DISPOSITIONS APPLICABLES AUX MÉDECINS SANITAIRES A BORD DES NAVIRES. — TABLEAU D'INSCRIPTION. — MÉDECINS SANITAIRES MARITIMES.

I. — RAPPORT au Président de la République.

MONSIEUR LE PRÉSIDENT,

Le titre III du décret du 4 janvier 1896, portant règlement général de police sanitaire maritime, détermine les conditions de recrutement des médecins sanitaires à bord des navires, leurs attributions et leurs obligations.

L'expérience qui a été faite depuis lors de ces dispositions a permis de reconnaître qu'il serait utile de les compléter et de les préciser sur quelques points.

Le rôle des médecins sanitaires maritimes aura d'autant plus d'efficacité, leur intervention présentera d'autant plus d'autorité, qu'ils auront acquis par l'exercice de leur profession une compétence pratique plus étendue.

Il importe d'établir une distinction entre les médecins inscrits au tableau qui n'ont eu en vue qu'un titre ou qu'une occasion éventuelle de voyager et ceux qui apportent au service sanitaire un concours, sinon permanent, du moins assez fréquent pour justifier réellement leur inscription, pour inspirer confiance par leurs déclarations, pour acquérir, le cas échéant, des droits aux emplois vacants dans le service du littoral.

C'est le but du projet de décret que j'ai l'honneur de soumettre, Monsieur le Président, à votre haute sanction.

Veuillez agréer, Monsieur le Président, l'hommage de mon profond respect.

Le président du Conseil,
ministre de l'intérieur et des cultes,

WALDECK-ROUSSEAU.

II. — Décret du 13 décembre 1901 (1).

Le Président de la République française,

Sur le rapport du président du Conseil, ministre de l'intérieur et des cultes;

Vu la loi du 3 mars 1822 sur la police sanitaire (2);

Vu les décrets des 4 janvier 1896 (3), 15 février 1900 (4) et 9 novembre 1901 (5);

Vu l'avis de l'inspection générale des services sanitaires,

Décrète:

Article premier. — Il est procédé chaque année dans le courant du mois de janvier à la revision du tableau institué par l'article 16 du décret du 4 janvier 1896 susvisé.

Sont seuls portés en tête de ce tableau, pour former une catégorie distincte, les médecins qui ont fait à bord des navires un séjour représentant une moyenne d'au moins un mois de navigation par an depuis leur inscription. Cette liste est publiée et affichée d'une manière permanente au siège de chaque circonscription sanitaire maritime.

Le titre de médecin sanitaire maritime est essentiellement lié à l'exercice des fonctions sanitaires sur les navires et ne peut être porté par les inscrits qu'autant qu'ils remplissent effectivement ces fonctions ou qu'ils figurent sur la liste spécifiée ci-dessus.

Art. 2. — En vue de l'établissement du tableau annuel, il est tenu, au siège de chacune des circonscriptions sanitaires maritimes, un registre spécial indiquant les noms et prénoms des médecins, la date exacte de leur embarquement, les noms des navires et la nature des voyages effectués.

Les médecins sanitaires maritimes doivent se présenter, tant au départ qu'à l'arrivée, aux directeurs des circonscriptions sanitaires

(1) Décret publié, ainsi que le rapport qui précède, au *Journal officiel* du 28 décembre 1901 et inséré au *Bulletin des lois* XII° S. B. 2318, n° 40941.
(2) Tome XIV p. 651.
(3) Tome XXV p. 627.
(4) Tome XXX p. 569.
(5) Ci-dessus p. 552.

maritimes et apposer leur signature sur le registre ci-dessus prescrit, en regard des renseignements concernant leur voyage.

Art. 3. — Un extrait récapitulatif de ce registre est adressé au ministre dans les premiers jours du mois de janvier, faisant connaître pour chaque médecin la date de la décision ministérielle qui a autorisé son inscription au tableau et le nombre total des mois de navigation accomplis depuis lors. Dans ce nombre peuvent être compris tous les voyages effectués, alors même qu'ils l'auraient été en dehors des dispositions prévues par l'article 15 du décret du 4 janvier 1896.

Cet envoi est accompagné, s'il y a lieu, du rapport annuel prescrit par l'article 26 du décret de 1896, ainsi que des observations ou propositions des directeurs des circonscriptions sanitaires maritimes.

Art. 4. — Le jury institué par le décret du 9 novembre 1901 pour l'examen des candidatures aux fonctions médicales du service sanitaire maritime est également appelé à formuler son avis dans les cas où, en vertu de l'article 27 du décret du 4 janvier 1896, un médecin sanitaire maritime serait susceptible d'être rayé du tableau à titre temporaire ou définitif.

Art. 5. — Sont modifiées les dispositions du décret du 4 janvier 1896 qui seraient contraires au présent décret.

Fait à Paris, le 13 décembre 1901.

ÉMILE LOUBET.

Par le Président de la République :

Le président du Conseil,
ministre de l'intérieur et des cultes,

Waldeck-Rousseau.

PROPAGATION DE LA PESTE PAR LES RATS; RECHERCHE ET DESTRUCTION DE CES RONGEURS; SULFURATION DES NAVIRES.

I. — CIRCULAIRE du président du Conseil, ministre de l'intérieur et des cultes, du 26 septembre 1901, aux directeurs des circonscriptions sanitaires maritimes.

Les faits qui ont été observés, en 1900, sur le « Niger » et, tout récemment, sur le « Laos » et le « Sénégal », faits qui ont motivé l'isolement de ces navires au lazaret du Frioul, ont apporté de nouvelles preuves du rôle prépondérant des rats dans la propagation de la peste à bord.

Cette constatation impose l'obligation de poursuivre, avec une attention et un soin de plus en plus rigoureux, la découverte et la destruction de *tous les rats*, particulièrement de ceux qui sont morts ou malades, sur les bâtiments provenant de pays contaminés, et de ne négliger aucun moyen d'empêcher ces animaux de communiquer soit avec la terre, soit avec les bâtiments voisins.

L'instruction du 1er octobre 1900 (1), relative à la surveillance sanitaire des navires, contient, à cet égard, des indications très précises. J'attache la plus grande importance à ce que les prescriptions qui y sont énumérées, soient appliquées avec une scrupuleuse exactitude.

C'est spécialement pendant le déchargement des navires, au fur et à mesure du déplacement et de l'enlèvement des marchandises, que la présence des rats peut être constatée, leur capture effectuée, et leur exode évité. C'est pendant cette période, autrefois négligée par le service sanitaire, que les mesures de surveillance offrent, sur les navires, indemnes ou non, provenant de pays contaminés de peste, le plus de garanties, pour le présent et pour l'avenir. Afin de donner à la santé publique une sécurité complète, j'estime que tout navire, même indemne, provenant d'une région contaminée de peste, doit avoir, après le débarquement et le déchargement des

(1) Tome XXX p. 595.

marchandises, sa cale désinfectée par des vapeurs de soufre, avec les précautions nécessaires.

Une visite, faite avant tout nouveau chargement, doit montrer que l'opération a été convenablement pratiquée, et a donné au point de vue de la destruction des rats, des résultats satisfaisants.

Il vous appartient, Monsieur le directeur, de diriger dans ce sens l'instruction des agents placés sous vos ordres, de stimuler leur vigilance, et de vous assurer constamment, soit par vous-même soit par l'intermédiaire des médecins et officiers de la santé, de la stricte exécution des précautions édictées.

Vous voudrez bien m'accuser réception de la présente circulaire.

Pour le président du Conseil,
ministre de l'intérieur et des cultes,

Le conseiller d'État, directeur,

HENRI MONOD.

II. — CIRCULAIRE du président du Conseil, ministre de l'intérieur et des cultes, du 11 octobre 1901, aux directeurs des circonscriptions sanitaires maritimes.

J'ai l'honneur de vous adresser, à titre de renseignement, le texte d'un rapport présenté au Conseil sanitaire international d'Alexandrie, sur la destruction des rats à bord des navires.

Afin de permettre à mon administration de suivre, de concert avec l'inspection générale des services sanitaires, les opérations du même genre effectuées dans les ports français, je vous serai obligé de m'envoyer, à l'avenir, une copie du procès-verbal de surveillance établi en conformité des instructions des 1er octobre 1900 et 26 septembre 1901, au fur et à mesure de la libération complète de chaque navire.

Ce procès-verbal doit être fourni même quand le navire ne réalise qu'un déchargement partiel.

D'autre part, certains navires, dans le cas de déchargement partiel, reprennent aussitôt de nouvelles marchandises, de telle sorte que la cale ne se trouve jamais vide, et ne peut jamais être débarrassée des rats par une désinfection complète. Cette manière de procéder constitue un danger d'autant plus sérieux que les mesures de désinfection qui ont été prises inspirent une fausse sécurité. Il serait indispensable qu'en vue d'y parer, vous vous concertiez avec les compagnies ou armateurs intéressés, pour obtenir d'eux qu'aucun nouveau chargement ne soit effectué avant que la désinfection complète du navire ait été pratiquée dans un des ports français. Cette désinfection totale devrait avoir lieu après chaque voyage au cours duquel le navire aurait été mis en contact avec un port contaminé de peste. Mention de l'opération pourra être faite sur la patente.

Je ne puis, enfin, que vous recommander de tenir vos collègues des autres circonscriptions informés des mesures prises sous vos ordres, toutes les fois que ces mesures ne seraient que partielles, ou devraient être complétées par la désinfection des cales avant un nouveau chargement.

Vous voudrez bien m'accuser réception de la présente circulaire.

Pour le président du Conseil,
ministre de l'intérieur et des cultes,

Le conseiller d'État, directeur,

Henri MONOD.

ANNEXE

RAPPORT ADRESSÉ A LA PRÉSIDENCE DU CONSEIL QUARANTENAIRE D'ÉGYPTE PAR M. LE DIRECTEUR P. I. DE L'OFFICE QUARANTENAIRE D'ALEXANDRIE SUR LA DESTRUCTION DES RATS A BORD DES NAVIRES.

Extrait du « Bulletin quarantenaire » publié par le Conseil sanitaire maritime d'Égypte (nº du 12 septembre 1901).

Le rôle important que jouent les rats dans la propagation de la peste est, à l'heure actuelle, un fait universellement admis et prouvé.

Kitasato, Yersin et beaucoup d'autres ont reconnu le bacille de la peste dans les cadavres des rats trouvés dans les habitations où l'on avait constaté des cas de peste; ils ont, en outre, montré la grande réceptivité de ces rongeurs pour le bacille spécifique. Dans presque toutes les villes de l'Inde, des cas manifestes de contamination de l'homme sain par les rats ont été observés; les premiers cas se sont présentés quelquefois dans les établissements où existaient des dépôts de blé, de graines de coton, etc., ou bien dans les épiceries.

Presque toutes les habitations bien construites et bien tenues, c'est-à-dire peu favorables à l'introduction et à la pullulation des rats, restèrent indemnes de peste. L'infection pesteuse chez les hommes à Bombay se localisa principalement dans les quartiers où l'on avait observé auparavant une épizootie des rats. La même observation a été faite à Zagazig et nous lisons dans le dernier rapport du Dr Garner, concernant l'épidémie de Mit-Gamr, que, pendant les opérations de désinfection, des rats morts ont été trouvés dans plusieurs maisons, et l'examen bactériologique a démontré l'existence de la peste parmi ces rongeurs. Dans des pays sains, très voisins de localités atteintes, la maladie éclata parmi les habitants, sans qu'il fut importé un seul cas de peste humaine; on a relevé seulement que l'épidémie fut précédée d'une immigration de rats provenant d'un lieu infecté.

Enfin le mode de propagation de la peste sur quelques navires a donné une nouvelle confirmation du rôle principal exercé par les rats dans la transmission de la maladie et des relations très étroites qui rattachent l'infection pesteuse des rongeurs à celle de l'homme.

Ces observations nous montrent que les moyens ordinaires, comme l'isolement des malades, la désinfection, etc., qui sont très efficaces dans les autres maladies infectieuses, sont insuffisants pour la peste et qu'il faut y joindre la destruction rapide de tous les rats, ou tout au moins circonscrire leur migration dans une zone limitée.

Le président du Conseil quarantenaire d'Égypte, sur la demande et d'accord avec les autorités sanitaires ottomanes, a ordonné, par ses circulaires des 24 et 25 juillet 1901, nos 669 et 670, que tous les navires qui transportent le riz et autres céréales pour la Turquie subissent, avant leur chargement, une désinfection très rigoureuse, laquelle doit avoir surtout pour effet la destruction des rats.

Nous avons commencé à appliquer cette désinfection le 29 juillet et jusqu'à présent nous avons désinfecté 12 navires, dont 3 ont subi la désinfection deux fois. Voici la manière dont elle se pratique actuellement: — On enlève toutes les marchandises de la cale et l'on procède à la préparation du foyer où doit être brûlé le soufre. On commence par étendre une couche assez épaisse de terre, afin de protéger le fond du navire contre le feu. On pratique dans cette couche une cavité peu profonde, dans laquelle on place une quantité de charbon de bois suffisante pour donner un foyer assez fort. Cette quantité varie avec les dimensions de la cale; 20 à 40 okes (1) sont ordinairement suffisantes pour atteindre ce but. On allume au moyen du pétrole ou du goudron. Quand la combustion est devenue active, on projette sur le feu le soufre en bâtons à raison de 8 à 10 kilos par cale; en contact avec le feu, le soufre brûle immédiatement en répandant d'abondantes fumées asphyxiantes et toxiques. On ferme hermétiquement la cale et on la maintient ainsi fermée pendant vingt-quatre heures sous la surveillance

(1) L'oke représente 1 kil. 248.

d'un gardien spécial; ce temps écoulé, on ouvre et l'on fait aérer pendant trois heures environ. Après quoi les hommes descendent dans la cale et ramassent les cadavres des rats, lesquels sont alors mélangés avec la chaux et enterrés profondément dans la terre ou bien incinérés avec le fumier de bestiaux au lazaret du Mex.

Cela fait, on procède à la désinfection de la cale. Pour cela on y jette la chaux vive, sur laquelle on verse une grande quantité d'eau. Ce mélange désinfecte complètement le fond de la cale. On retire cette eau au moyen de la pompe, et il n'est pas rare d'y trouver une quantité de fragments de cadavres de rats qui se sont noyés dans l'eau de la sentine. Puis on badigeonne le plafond et les parois de la cale avec une solution ainsi composée : acide phénique, savon vert, soude caustique $\overline{aa}$ 5 gr., eau 100 gr. Dans les premiers temps nous avons utilisé l'acide phénique cristallisé, mais ce produit étant très cher, nous l'avons remplacé par l'acide phénique brut, qui est à peu près quatre fois meilleur marché, en ayant cependant soin d'en mettre une quantité équivalente à l'acide pur. Cette désinfection terminée, on laisse à bord un gardien pour assister à l'embarquement des céréales, afin de constater si tous les sacs contenant des céréales sont en bon état.

Il s'agit maintenant d'empêcher les rats de rentrer de nouveau par les cordes d'amarrage et par les pontons. Pour ce qui concerne les cordes nous avons fait construire des écrans spéciaux en zinc en forme d'entonnoirs.

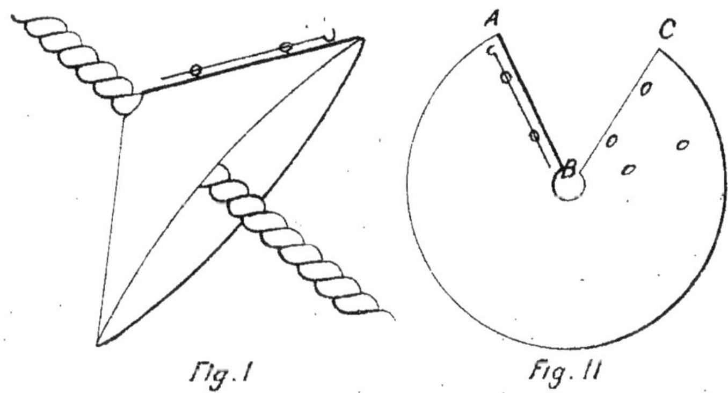

Fig. I   Fig. II

Ces écrans se composent essentiellement d'un disque de zinc d'un diamètre de 65 cm. environ (voy. fig.). Dans ce disque on a découpé un secteur ABC comme l'indique la figure II. D'un côté du dit secteur se trouvent deux petits anneaux dans lesquels entre une tige en fer, et de l'autre côté on a pratiqué une double rangée d'ouvertures ovales, qui correspondent exactement aux anneaux placés de l'autre côté du secteur, de telle façon que par la torsion du disque de zinc les anneaux peuvent pénétrer dans ces ouvertures et recevoir la tige de fer formant ainsi une sorte d'entonnoir. Ces écrans ont l'avantage sur les autres appareils similaires d'être solides et de s'adapter facilement aux cordes de diverses grosseurs, grâce à la double rangée des ouvertures, qui permet de faire varier le diamètre de l'ouverture centrale de l'entonnoir en se servant de la 1re ou de la 2me rangée, selon le cas.

Mais comment protéger le navire contre l'invasion des rats par les pontons quand le navire a accosté le quai ? Le seul moyen efficace est de faire surveiller les pontons pendant la journée et de les enlever pendant la nuit s'il est absolument impossible de tenir le navire à une certaine distance du quai.

On voit, d'après un tableau que nous insérons plus bas, que nous avons désinfecté, du 29 juillet au 28 août, 12 navires, dont 3 ont subi deux fois la désinfection ; il est facile de se faire une idée en même temps de la quantité énorme de rats qui se trouvent sur un navire. Il ne faut pas tenir compte du nombre trouvé à bord des N°s VII et VIII. Ces navires ayant subi une reconstruction sérieuse doivent être considérés comme nouveaux. Nous avons détruit dans l'espace d'un mois pas moins de 1.460 rats, non compris ceux qui sont sortis avec l'eau de sentine. Ce même tableau nous permet de comparer le nombre des rats entre deux désinfections consécutives d'un même navire. Le vapeur N° IV, qui avait 43 cadavres de rats après la première désinfection, n'en présentait qu'un seul après la seconde. Le vapeur N° I avait 72 cadavres la première fois, seulement 8 la deuxième. Le vapeur N° V, qui a donné dans la première désinfection 244 rats, n'en a donné que 19 dans la deuxième.

Nous avons examiné 4 rats provenant de navires désinfectés, et nous n'avons trouvé aucune trace de bubon ; l'ensemencement du sang du cœur sur agar nous a donné également des résultats négatifs.

D'où proviennent les rats trouvés à la deuxième désinfection des navires, dont ces rongeurs ont été déjà détruits par la première opération ? Nous pensons qu'ils proviennent des cabines où ils se seraient échappés pendant la première désinfection, ou bien qu'ils ont été importés avec les marchandises. La première hypothèse nous semble cependant plus probable, étant donné que ces navires à leur arrivée aux ports turcs doivent se tenir loin du quai.

Examinons maintenant ce que peut coûter cette désinfection. Au commencement, quand nous avons employé l'acide phénique cristallisé, la désinfection coûtait en moyenne 8 à 10 £ (1), mais maintenant que nous utilisons l'acide phénique brut, la désinfection revient de 4 à 6 £ selon les dimensions du navire.

On pourrait objecter peut-être l'inutilité de la destruction des rats en l'absence de bubons et du microbe spécifique de la peste dans les cadavres trouvés. Il est vrai que nous n'avons pas rencontré les coco-bacilles dans les cadavres des rats, mais aussi nous n'en avons examiné que 4 ; de plus, en détruisant tous les rats, on n'a plus à craindre une épidémie des ports, même avec la présence de marchandises susceptibles à bord, puisque l'on a supprimé les facteurs de la propagation de la maladie.

Nous estimons que ces mesures sont très utiles et assez sérieuses pour être prises en considération par les autres Compagnies de navigation, qui devraient se décider à faire désinfecter à si bon compte leurs navires en détruisant de la sorte un hôte si dangereux au point de vue de la propagation de la peste.

Nous donnons ci-après le tableau suivant, sur lequel est consigné le nombre des rats tués par les moyens que nous venons d'étudier plus haut.

(1) La livre égyptienne vaut 25 fr. 92.

NUMÉRO DU NAVIRE	TONNAGE	DÉSINFECTION			
		PREMIÈRE		SECONDE	
		DATES	Nombre DES RATS tués.	DATES	Nombre DES RATS tués.
		1901		1901	
I	694	29 juillet.	72	25 août.	8
II	1.779	—	125	—	»
III	754	4 août.	300	—	»
IV	399	5 —	43	28 août.	1
V	848	6 —	244	27 —	19
VI	429	8 —	55	—	»
VII	939	8 —	9	—	»
VIII	633	9 —	4	—	»
IX	848	15 —	229	—	»
X	639	17 —	177	—	»
XI	399	22 —	32	—	»
XII	717	26 —	142	—	»
			1.432		28
		TOTAL.............	1.460 rats.		

Le Directeur p. i. de l'Office quarantenaire d'Alexandrie,

Signé : Dr. BATKO.

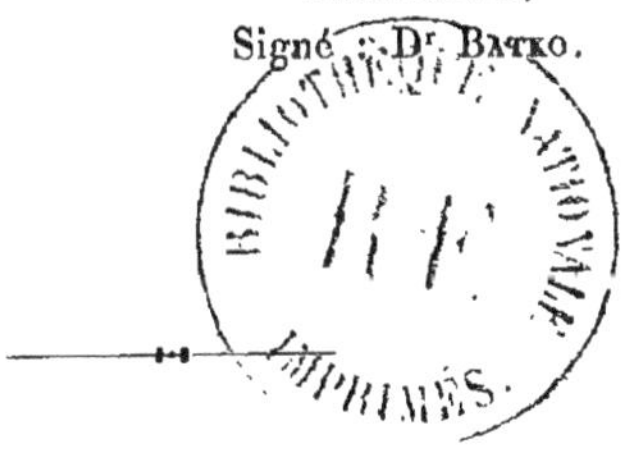

MELUN. IMPRIMERIE ADMINISTRATIVE. — M 886 T

www.ingramcontent.com/pod-product-compliance
Ingram Content Group UK Ltd.
Pitfield, Milton Keynes, MK11 3LW, UK
UKHW020411250726
13967UKWH00006B/2587